安全生活アドバイザー　佐伯幸子

親子で学ぶ
防犯の知恵

「安全作法」を身につけよう！

少年写真新聞社

はじめに

もっとも成長著しい時期である小学生のお子さんをお持ちの保護者の皆様は、子どもの安全を何よりも大切なものとお考えのことと思います。わが子の安全をどう守ったらいいのか不安を抱えている人も多いことでしょう。

しかし、防犯の基本をしっかり押さえておき、さらに想像力をはたらかせ応用力を養っておけば、被害に遭いにくくなり、危険な状況におちいったとしても被害を最小限にとどめることは不可能ではありません。

「行儀作法」や「礼儀作法」のように、安全のためにすべきこと、してはいけないことを「安全作法」として、子どものうちから身につけておけば、危険を回避できる能力が高まります。

漫画による説明でよりわかりやすくなった具体的な内容は、親子で安全を確かなものにするために役立つはずです。この本が子どもの安全レベルを上げるために、ひいては家族の安全と安心のために生かされることを願うものです。

目 次

＊本書は、子どもや家庭における防犯対策について書かれた本ですが、ここに示された事例は、あくまで防犯対策を考える際の参考事例です。これらを実行することによって、子どもや家庭の安全が保証されるものではありません。

1　章

ここがわかれ目！
おとなの言動

「気をつけて」の中身を伝えよう

子どもには毎日のように「気をつけてね」と声をかけていることでしょう。誘拐、連れ去り、性犯罪と、子どもにとって危険なことはたくさんあり、親としてはわが子がどんな被害にも遭わないようにと願うものです。しかし、**言葉だけで「気をつけて」と言っても、子ども自身は「何に」気をつけるのかわかっているのでしょうか？**

おとなはわかっているつもりでも、子どもからすれば、せいぜい（交通事故に気をつけるということだろう）と思うくらいで、親が気をつけてほしい多くのことまで理解していないかもしれないのです。何が危ないのかわからないままでは、その状況におちいったときにそれが危険かどうか知ることは難しく、望まない事態を招いてしまうかもしれません。

　たとえば、会話の中で、「あれを持ってきて」と言われても、言われた人は「あれ」が何なのかわかりません。「気をつけてね」という言葉も、「○○に気をつけてね」と言わなければわかるはずもないのです。「言わなくてもわかっているはず」「気をつけるようにいつも言っているから大丈夫」と、おとなの思い込みで安心してしまうのはとても危険なことなのです。

　そこで、**子どもにはできるだけ具体的に危険な状況を話して、そうならないためにはどうしたらよいのか、またそうなってしまったときには、どうやって逃げたらよいのか、ということまできちんと伝える必要があります。**

「知らない人が声をかけるのは、あなたをどこかに連れ去ろうとしているからかもしれない。連れ去られたら、どこかで怖いことをされるかもしれないから、すぐにその場から走って安全な場所（「子ども110番の家」など）に逃げてね」というように具体的に話してあげましょう。

「気をつけてって言ったでしょ！」

「○○に気をつけるのよ」

知らない人からの声かけには、気をつけるのよ
どうして？
子どもが喜びそうなことを言って誘拐しようと考える、悪い人もいるの。たとえばね……
いってきまーす
いってらっしゃい　周りのようすを、よく見て歩いてね
はーい
周りのようすをよく見て…
しっかりしていそうだな…
キリッ！
この子はやめとこう

また、親としてはなかなか伝えにくい、子どもの性被害のおそれについては、「知らない人や、知っている人でも、やたらにあなたの体にさわろうとしたら、その人は悪い人だと思って。すぐに逃げて、お母さんに話してね」と、子どもの目を見ながら親が真剣に話せば、子どもの心にしっかり刻まれて、慎重な行動がとれるようになるはずです。

親がまず子どもの危険と被害を避ける心がまえをよく考えて、何度でも子どもにわかりやすく伝えることが、子どもが「何に気をつけなくてはいけないのか」を理解する一番の道です。親からそうしたことを教わらない子どもは、万が一のときにその状況が理解できずに事態を悪化させてしまうかもしれません。

親が「子どもにはなるべく怖いことや、いやなことは伝えたくない」と思ったとしても、伝えずにいて子どもが危険な目に遭うよりは、「こういう怖いことも、悪い人がいることもあるけれど、自分の身を守るために知っておこうね。知っていれば怖い目に遭わないように行動できるし、自分で自分を守れる強い子どもになってほしいのよ」と、前向きな考え方で話をすることが大切です。

誰でも知らないことにはじょうずに対応できないものですが、事例を数多く知っていれば、似たような状況におちいったときに、（あ、あの話と同じだ）と思いついて、どうしたらよいのか判断しやすくなるでしょう。練習問題を多く解いておけば、応用問題にも強くなるのと同じです。「気をつけて」の意味を多く知っている子どもは、その意味を知らない子どもより自分の身を守る力は確実にあるはずなのです。

Point

「気をつけて」の意味を知っている子どもは、自分の身を自分で守る力がついてくる！

子どもの名前を大切にしよう

いろいろな場面でわが子の名前を呼びかけることがありますが、外出時にやたらと名前を呼ぶのは控えるようにしましょう。たとえば、買いものやレジャーなどで外出したときに、ほかのことに気をとられた子どもを注意しようとしたり、近くに呼び寄せたりするために、「○○ちゃん、早く来なさい」などと名前を呼ぶことがあります。

そうすると、周辺にいた不特定多数の見知らぬ人たちにまで、子どもの名前を知らせることになります。そうして**名前を知った見知らぬ人が名前を呼んで子どもに声をかけたとしたら、名前を呼ばれた子どもは、自分の名前を知っている人だからと、油断してしまうかもしれません。**「○○ちゃん、お母さんが呼んでいるよ」と言われると、より真実味があるものです。

×「○○ちゃん、早く来なさい！」

チョコビスケ
ミカちゃん
行くわよ～
チョコビスケ
ミカちゃん
早く来なさい!!
ミカ…
もう～
ミカちゃんすぐに
来てよ!!
だってぇ～
フフフ…
ミカって
名前か

おとなでも自分の名前を呼ばれたら、知っている人だったかなと考えてしまうでしょう。**子どもはおとなに「知らない人にはついていかないように」と言われてはいても、自分の名前を知っている人に対しては、知っている人なのか知らない人なのか迷って、知っている人だと思ってしまうかもしれないのです。**

この点については、「たとえ自分の名前を呼ばれても、自分が見たことのない知らない人だったら、知らない人だと思って行動してね」と、子どもに伝えておく必要があります。そして何よりも、名前は一番大切な個人情報であるということを、親がまず認識しておくことです。**周辺にいる人やその場の状況を考えて、子どもの名前はやたらに大きな声では呼ばないようにして、子どもの名前を知らせないという意識を持つようにしましょう。**

子どもにきょうだいがいるときには、上の子を「お兄ちゃん」「お姉ちゃん」などと呼ぶことがありますが、この呼び方だと名前を知られずに済みます。そこで、たとえひとりっ子であっても、外ではあえて、「お姉ちゃん」「お兄ちゃん」「ぼく」などと呼ぶようにすれば、子どもの名前を知られることはありません。

「お姉ちゃん、おいで」

見知らぬ人に名前を知られることによって、危険が起こり得るということは、おとなでも同じです。おとなでも、「○○さん」と名前を呼ばれると、ハッとしたり、つい油断したりするものです。子どもにだけ注意をうながしておいて、おとなが見知らぬ人に返事をしたり、トラブルに巻き込まれたりしては、子どもに対して説得力がありません。不審な声かけをされないように、いつも周囲に気を配って歩くように心がけましょう。

おとなが街中で呼び止められることは、セールスや勧誘、悪質商法などのおそれがあります。「ちょっとすみません」「奥さん、ちょっとよろしいですか」など、見知らぬ人からの声かけに注意する必要は、おとなにもあるのです。安易にアンケートなどに氏名などを記入することも避けましょう。

外出時に大きな声で子どもの名前を呼んでしまうことがないように、おとながまず手本となって、子どもの名前を大切に取り扱うことで、子どもの意識も変わってくるはずです。子どもには、自分の名前を大切にすることを教えます。そして、子ども同士でも、むやみに大きな声で名前を呼びあわないように注意することを伝えて、知らない人にはできるだけ名前を知らせないように、親子で警戒するようにしましょう。

Point

親がまず、名前＝個人情報を大切に取り扱えば、子どもも名前を大切にするようになる

子どもの名前を書かない秘訣

持ちものに名前を書かなくてはならないことが、とくに子どもが小さいうちはよくあります。でも、人の目に見えるところに書くことは、子どもの名前を知らない人にまで教えてしまうことになります。**できるだけ、見えない部分に書くようにすることは、子どもの個人情報を守るという点からとても大切です。**

たとえば、子どもの衣服や持ちものに名前が書いてあると、その子どもは、エレベーターの中や、通りすがりにも、「○○だって」と、名前を見られたり、「○○ちゃんっていうんだ」と、名前を口にだされたりすることがあり得ます。子どもが、自分の名前を人から呼ばれることを意識しなくなったら、知らない人に名前を呼ばれて声をかけられることに油断が生じてしまうでしょう。

　母親が手芸や裁縫が得意な場合、セーターなどの衣服や、手づくりのおけいこバッグなどに、子どもの名前を描き入れたりすることがありますが、子どもの名前はやたらに人に知らせるものではないため、やめたほうがよいでしょう。むしろ、**子どもの持ちものには、何か１つマークや「めじるし」を決めて、統一することで、その子の持ちものであるとわかるようにすると、安全が保たれます。**

　たとえば、「チューリップ」や「四つ葉のクローバー」「えんぴつ」「うさぎ」「くま」など、好きな絵がらを選ばせて、持ちものには必ずどこかに描き入れておくようにすれば、名前がなくても、その子の持ちものだとわかるようになります。つまり、名前と同じくらいの意味と効果が、「めじるし」にあることになります。名前は必要があれば、外から見えない部分に書くようにしましょう。

✕ 持ちものに名前を書いたら…

持ちものには「めじるし」をつけよう！

そのほかにも、家の表札や郵便受けに家族全員の名前を書くようなことは避けましょう。家族構成から全員の名前まで、誰にでも知らせることになってしまうからです。子どもの名前を書き入れた手づくりの表札などは、ほのぼのとして仲のよい家族のようすがうかがえますが、子どものいる家庭だと知られて、子どもやその親をターゲットにしたセールスや勧誘などを呼び込むおそれもあります。

また、三輪車や自転車などに名前を書くと、それに乗っている子どもの名前を知られてしまいます。乗りものがあるだけで、その子どものおおよその年齢や性別まで知られてしまうのですから、保管場所にも注意が必要です。

名前はあくまでも外から見えない部分に書くようにして、独自のマークやシール、テープなど、また、キーホルダーなどのちょっとしたマスコットを用いて、ほかの人のものと区別がつくようにするとよいでしょう。**その子の持ちものであることは、工夫次第で、名前を書きしるさなくてもわかるようにできるということなのです。**

子どもの名前は大切な個人情報です。目に見えるもの、声にだして聞こえるものすべてが個人情報だと考えましょう。おとなは自分の個人情報を守るだけでなく、家族、子どもの個人情報を守ること、そして周囲の子どもたちや身近な人たちの個人情報をも大切に取り扱うようにしましょう。不用意にほかの人の個人情報を漏らさないように互いに注意しあうことは、自分自身の個人情報を守ることにもつながるのです。

Point

子どもの持ちものには、「マーク」や「めじるし」をつけて、名前をむやみに知らせない工夫を

大声を上げるための
コツを知っておく

おとなは子どもに、「何かあったら、大声を上げるのよ」と、言います。「何か」とは何なのか、子どもが知らなければ、いつ、どんなときに大声をだしたらよいのかわからないでしょう。「気をつけて」と同じように、できるだけ具体的に伝えてあげることです。さらに、**大きな声というのは、いざというときにはなかなかだせないものだということを、おとなも理解しておきましょう。**

おとなであっても、ひとりでいるときに、いきなり見知らぬ人物が目の前に立ちはだかって何かをされそうなときには、恐怖ですくんでしまい、身動きすらできなくなってしまいがちです。おとなにもできないことを、子どもにだけ「こうしなさい」と言うのは、子どもにとっては納得できないものかもしれません。

✕「何かあったら大声をだすんだよ」

そもそも、何のために「大きな声をだしなさい」と言うのかを知っておく必要があります。「近くにいる人に気づいてもらうため」と考える人は多く、確かにそのためでもありますが、もともと、知らない人に何かをされるような緊急事態は人けのない場所で起こりやすいものです。つまり、大声をだしても誰にも聞いてもらえないおそれがあるのです。

しかし、それでも大声をだすことには大切な意味があります。誰でも緊張しているときに、大きな声や音をだされると、ハッとして動けなくなってしまうものです。これから悪いことをしようとしている人はとても緊張している状態にあります。そこで、大きな声をだされるとひるみます。**相手がひるんだすきに走って逃げるために、大声をだす必要があるということなのです。**

大きな声をだすためには、道具などはいりません。防犯ブザーなどの道具がなくても、いざというときに大きな声をだすことができれば、危険から逃げることができるのです。自分自身が防犯ブザー以上の力をだせると信じることが、身を守る大きな力になるはずです。

「おなかの底から声をだすのよ」

おとなでもいざというときにだせない大きな声を、子どもがだすためには、練習が必要です。ふだん、なかなか大きな声をだす機会は少ないかもしれませんが、大きな声をだしても問題のない場所（カラオケ店や河原、山など）で、おなかの底から声をだす練習をしてみましょう。

練習の仕方は、まず、立っているときに、おなかに両手のひらをあてます。そしてごく普通に「こんにちは」と言ってみます。おなかはとくに動きません。次に、「こんにちは」の「は（わ）」のところだけ、「こんにち・は（わ）ー」と、思いきり大きな声で発声します。すると、腹筋が張るのが手のひらでわかるはずです。

　この**おなかが張ったときに大声をだしているということ、おなかの底から声をだすということを、体で覚えるようにするのです。**口でいくら「大声をだすように」と言っても、一度もだしたことがなければわかりにくいものです。でも、このようにして体で覚えておけば、いざというときに、大きな声をだしやすくなるでしょう。

　大きな声をだすべきときについては、状況を具体的に、「知らない人が近づいてきて肩に手をかけたり、腕を引っ張ったり、車に乗せられそうになったら、おなかの底から大きな声をだすのよ」と言ってあげましょう。子どもが自分で、テレビ画面で見るようにその場面を想像して、大声を上げて走って逃げるようすまでイメージできた上で大声をだせると、とても効果のある練習になります。

Point

おなかの底から大声をだす感覚を体で覚えておくことと、イメージ練習が効果的

子どもが助けを求めやすくするために

子どもたちがいざというときに駆け込める場所として、各地で「こども110番の家」が、年々増えています。ステッカーなどがはられて、それとわかるようになっていますが、コンビニエンスストアなどのように常時、出入り口が開いている場所は別として、一般の住宅が「こども110番の家」として登録してある場合、たとえ門扉が開いていたとしても、子どもは知らない人の家に助けを求めに入っていくことになります。

子どもの安全のための場所でありながら、いざというときに子どもが飛び込んで、知らない人にきちんと状況を伝えられるかどうかという点をよく考えておきましょう。おとなであっても、いきなり知らない人の家に飛び込んだりすることは簡単ではないはずですから、事前に顔見知りになっておくほうが望ましいでしょう。

「こども110番の家」と表示があっても、知らない人の家に入るのは気が引けるものでしょう。子どもにはそれぞれ性格があり、はじめて会う人でも物おじしないで話すことができる子もいれば、緊張してじょうずに話せない子もいるはずです。

そうした子どもの特性を考えないまま、ただ、「何かあったら、ここに飛び込んで助けを求めなさい」と伝えても、実際の場面で本当にそうできるかどうかということはわからないのです。無理があるかもしれません。

万が一の場面で、気後れしたり、遠慮する気持ちがはたらいたりしてしまっては、せっかくの避難場所がその目的を果たせなくなってしまいます。まずは、その家の人と知りあいになっておきましょう。

×「ここの人に助けてもらうのよ」

「うちの子をよろしくお願いします」

親は自分の性格をまず顧みてみましょう。人づきあいが好きでじょうずなタイプ、あるいは親しい人が少人数いるだけでよいと思っている人など、親の性格もそれぞれです。子どもは親に似る子もいれば、そうでない子もいます。子どもが小さいうちは、比較的、親の性格が反映されやすいかもしれません。自分と子どもの性格をよくわかってから、「こども110番の家」を有効に活用することを考えるようにしましょう。

いずれにしても、その家の人の顔を知らなければ、突然、入っていくことには迷ってしまうものです。**場所を知っておくだけでなく、遠慮せずにあいさつをしておきましょう。**地域に知りあいが増えれば、子どもの安全度も上がります。地元の人たちとのふれあいが少なくなってきたといわれる昨今、子どもの安全のためにも、地域に知りあいを増やすつもりで、積極的にイベントに参加したりすることも親の役目と考えられます。

子どもは地域で育つものです。安全な地域は暮らしやすく、愛着も湧きます。**居心地のよい安心な場所にすることは地域のおとな全員の役割であり、わが子を含めた地域の子どもたちすべてを守るためでもあるのです。**

「こども110番の家」であっても、留守にするときもあるでしょうし、門扉や玄関が閉まっていることもあり得ます。そんなときには次に近い「こども110番の家」はどこかということもわかっておくようにしましょう。コンビニエンスストアは比較的人通りのある場所にあるため、**人通りの少ないところではとくに、「いざというとき逃げ込める場所」としての「こども110番の家」を確保しておく必要があります。**

Point

「こども110番の家」などの場所を覚えるだけでなく、その家の人と顔見知りになること

時間を守ることは安全につながる

子どもはふだん、腕時計をつけていることもあまりない上、おとなのように仕事で時間を守らなくてはならないといった切実な条件もそれほど多くはないものです。親が朝起こして、学校や塾などに行くために時間を伝えていれば、その通りにすればよいからです。

しかし、問題は帰宅時間にあります。時間割がわかっていれば、学校からの所要時間を足しておおよその帰宅時間に帰れるものですが、友だちの家に行ったときやそのほかの出先から帰るときには、はっきりと帰宅時間を決めておくことが大切です。

たとえば、「暗くなる前に帰ってきなさい」と言われると、「まだ大丈夫」と思ってしまいがちではないでしょうか。とはいえ、暗くなる時間は日々違います。

いわゆるアバウトな言い方、あいまいな時間感覚は子どもの安全にとってマイナスにこそなれ、プラスにはなりません。親にとっても「そろそろ帰ってくるはず」と思っているのに、なかなか帰ってこないときは不安になるものです。なぜそうなるのかといえば、「時間を守ること」が、親子間でしっかりと確認されていないからなのです。

子どもの帰宅予定時間が遅れると親はとても心配します。自宅に帰るまでの道のりで子どもが誰かに連れ去られたのではないか、事故か何かあったのではないかと不安になるからです。**この不安と現実の危険性をなくすために、親は子どもに時間を守ることの大切さをわかりやすく説明しましょう。**

漠然とした時間を伝えると…

具体的な時間を確認しあえば…

子どもに教えるためには、親がまず理解しておくことが必要です。たとえば、身近な“車”のことを例にします。

子どもが連れ去られる場合には車が多く使われます。車の速さは「時速○ km 〜キロメートル」で表されます。これは 1 時間にどれだけの距離を行けるかということで、時速 40km ならば 1 時間で 40km は移動するということです。もちろん信号で止まったり、スピードを上げたり落としたりといろいろとありますが、単純計算をしておおよその移動時間がわかります。

時速 40km なら、その 4 分の 1 の 10km を移動するのに、1 時間＝ 60 分の 4 分の 1、すなわち 15 分かかります。ということは、5 分なら 10km の 3 分の 1、つまり約 3.3km 移動するということです。もし車に乗せられて連れ去られた場合、わずか 5 分でも 3km 以上移動してしまうということになります。**万が一のとき、5 分帰宅時間が遅れているなと思っているときには、すでに 3km 以上遠くに連れ去られていることになるのです。**

3kmといえば、子どもの行動範囲を超えてしまうでしょう。そのため、5分でも帰宅時間が遅れたら心配するのは当たり前なのです。**わずか5分でも、もしものときには取り返しのつかない時間だということをしっかりわかっておきましょう。**

いまどきは、周囲を見まわせばどこかしらに時計を見つけることができます。子どもの行動範囲のマップづくりをするときに、そこからの所要時間も記入しておくと、親子の間で帰宅時間が予測できて、心配することが少なくなります。子どもには、時計の見方、時間の大切さ、とくに帰宅時間を守ることを伝えましょう。さらに少しでも遅れるような場合は、必ず電話連絡をすることまで約束しておくようにしましょう。

Point

時間を守ることを大切にできる子どもは、安全に対する意識も高くなる

言葉だけでなく見守る親の視線が大切

毎日の「いってらっしゃい」の言葉をどこでどう言っているかによって、でかける子どもの気持ちに違いがあると思います。家の中で家事やほかのことをしながら、言葉だけで「いってらっしゃい」と言うだけだと、何か突き放されたような気がするかもしれません。玄関前で「いってらっしゃい」と言って、子どもが角を曲がって姿が見えなくなるまで見送っている親なら、子どもは愛されていることに自信が持てるでしょう。

子どもが子どもでいられる期間は思いのほか短く、あっという間の成長に目を見張るものです。毎日、学校に行って無事に帰ってくることを疑わないものですが、いつ、何が起こるのかわからないのが現実です。**子どものことをいつも気にかけていることを行動で示すことが、子どもの情緒安定につながり、プラスにはたらくのです。**

「気をつけてね」という言葉が口先だけにならないようにと先に述べましたが、「気にかけていることくらいわかっているはず」と、思い込んでいて、十分な愛情表現ができないでいることは望ましいとはいえません。

子どもを注意して見ていれば、ちょっとした変化にも気づきやすくなります。歩き方1つを見ても、肩を落としてつまらなそうに歩いていないかなど、後ろ姿だけでも気がつくことがあるはずです。

親も日々、さまざまなことを抱えて生きているものですが、子どもの場合はちょっとしたことが大きな悩みになります。いじめなどのトラブルや、親に言えないで苦しんでいるようなことがないか、先に気がついて打ち明けられるようにしてあげたいものです。

✕子どものようすに無関心

目をあわせて会話をする

親の愛情を視線という目に見えるもので確認できることは、子どもにとって大きな安心につながります。**愛情を実感しながら育つ子どもは、心にゆとりが生まれ、自分のことだけでなく周囲に目を向けることができるようになります。**

おとなでも、心に悩みを抱えているときには、ゆとりがなく、周囲に気を配ったり、ほかの人に対してやさしくする余裕がなくなったりするものです。子どもは親の心境に敏感に反応するものですから、子どもの前では明るくふるまうことは親の努めでもあります。

ゆとりを持って行動すれば、ふだんと違うことに早く気づいて危険を避けることができたり、突然のできごとにもじょうずに対応できるものです。逆に、心に不満や不安を抱えていると余裕がなく、異変に気づくのが遅れたり、気がついたときには手遅れの状態になっていたりする危険性があります。つまり、親が「いってらっしゃい」という言葉とともに子どもが見えなくなるまで見送ることは、子どもの安全にとってとても大切な条件なのです。

言葉だけでなく行動で愛情を表現することは、「過保護にする」ということではなく、子どもが安全に生きていくために必要だということです。

子どもが安全に暮らせることを真剣に願うなら、万が一のことをいつも考えて、子どもの身に迫る危険や悪いものを近づけないように、いつでも見ていてあげたいと思うでしょう。しかし、現実には24時間見ていることは不可能です。見ていられない部分を補うのが、見ていられるときにはしっかりと見てあげる親の温かい視線なのです。子どもにとっては親の視線、すなわち愛情が何よりも必要な要素なのです。

Point

子どもを見守る親の温かい視線が、子どもの心にゆとりを持たせ、安全にもつながる

電話応答にでる危機意識の差

自宅にかかってくる電話に、「はい、○○です」と名乗ってでる家庭があります。とくに年配者のいる家庭や、実家でいつも名乗ってでていたような人たちです。お店や会社などでは名乗ってでるのは当たり前ですが、個人の家では、名乗ってでることは避けましょう。

世間には電話を使ったセールス、勧誘、さまざまな悪質商法などがあります。果てはオレオレ詐欺などの振り込め詐欺まであり、多くは年配者が被害を受けていますが、「子どもを誘拐した。身代金をだせ」といった、子どもの親をねらったものもあり、小さい子どもを持った年代の人といえども油断はできません。**ランダム＝無作為に電話をかけてきた相手に名乗ってでると名前が知られてしまい、次からは確信犯として電話をかけてくるかもしれません。**

✕自分から名乗り、情報を漏らす

人は、自分の名前を呼ばれると油断してしまいがちです。相手は会話にこちらの名前を盛り込みながら、心理的に誘導しようとします。すると、あり得ないことでも信用してしまうかもしれないのです。名乗って電話にでず、先に相手に名乗らせ、不審な場合は質問攻めにして、こちらの情報は一切漏らさないように気をつけましょう。

親がいつも名乗ってでていると、子どもも自然にまねをします。「見知らぬ人には気をつけて」と子どもに言いながら、電話だからと親が名乗ってでて、自分から個人情報を漏らしているようでは説得力がありません。子どもも名乗るということに鈍感になってしまい、どこかで見知らぬ人に名前を聞かれたら、条件反射的に言うようになってしまうかもしれないのです。

自分から名乗らずに、相手を確認する

子どもだけで留守番をするときに、かかってきた電話にでると、連絡簿を読み上げさせるなどの子どもをねらった悪質商法に巻き込まれるおそれもあります。自分だけでなく、ほかの人の個人情報まで漏らしてしまうかもしれないのです。

子どもは電話にださないようにするほうがリスクもありません。留守番電話の機能を使って、留守電にセットしておき、親などは応答メッセージ越しに呼びかけるなどするとよいでしょう。電話にださせるときは、やはり電話機の録音機能を使って、録音することを習慣づけましょう。後で聞き直し、親が確認することもできます。

電話は相手の言葉を聞こうという心理状態になっており、いやでも相手の言うことを聞いてしまいます。おとなでもわいせつ電話などを受けたときには、不愉快な思いをするでしょう。もし、不愉快な内容や子どもがショックを受けるようなことを聞かされたときには、子どもの心に傷を残すかもしれません。**子どもは十分に受け答えする力や判断力がついてからださせるようにしたほうが安全です。**家にいても電話であろうとも、危険を招くことがあると認識しておきましょう。

とはいっても、危ないから、怖いから、とそのままにしておいては子どもに応用力がつきません。やはり**日ごろから、親がしっかりとした対応をしておくことで耳から学ばせ、ときには「こんなときはどう受け答える？」と、模擬練習＝シミュレーションをしておくとよいでしょう。**親も日ごろからの電話応対に弱点はないかと省みて、たかが電話応対と思わずに、慎重な受け答えができるように注意するようにしましょう。

Point

親がまず手本となるような電話応対の仕方を見せることで、子どもの危機意識も違ってくる

鍵の取り扱いは家の安全に直結する

　子どもがいる家庭では、子どもの出入りがある時間帯は家の鍵を開けたままにしておいたり、夜、最後に帰った人が閉めるまでは開けたままだったり、といった状況があるかもしれません。また、地域によっては、ほとんど家の鍵はかけないという家庭が多いところも、いまだにあるようです。

「うちには盗られるようなものはないから」と言う人もいますが、盗むものがあるかないかを決めるのは泥棒です。預貯金通帳や印鑑、多少の現金など、置いていない家はほとんどないでしょう。家の鍵が開いているということは、泥棒がいつでも入れる状態になっているということなのです。**玄関ドアに錠前がついているのは、鍵をかける必要があるからなのです。**

「家の鍵はいつも開けておいて、夜、寝る前にかけるもの」という習慣をやめて、「鍵はいつもかけておいて、出入りのときだけ､開けるもの」というように考えましょう。また、せっかくの「ワンドア・ツーロック」なのに、１つしか鍵をかけないままでいる人もいるようですが、これもあらため、必ず２つの鍵を忘れずにかけることです。親が１つしかかけないままでいると、子どももそれでよいと思ってしまいます。

家の鍵は大切に取り扱い、玄関の下駄箱の上など、訪問者の目にふれる場所に置くことはやめましょう。知らない間に持ちだされて複製をつくられるおそれなどがあります。郵便受けの中、植木鉢の下、メーターボックスの中などに置くことも、その動作を見られるとそこに鍵があることを知られてしまいます。**家の鍵は、家族の命と財産を守る大切な鍵であることを認識して、慎重な取り扱いをしなくてはなりません。**

戸じまりには無頓着！な軽率派

戸じまりは確実に！の慎重派

鍵は常にかけておくもの
出入りのときだけ開けるものと考えましょう
しよう
でかけるときは1つ1つ戸じまりをチェック!!
家にいるときも閉めておく!
鍵もこうして
大きめのキーホルダーにつなげば…
なくしにくくなるね
このように防犯意識を高く持てば
お隣のような事態は防げるはずです!
です!

子どもの防犯意識は、ただ「気をつけなさい」と言うだけで育つものではありません。もっとも身近な親の行動や意識が直接反映されるので、親がどんな被害にも遭わないように日々、対策を心がけることが大切です。

鍵は、玄関ドアだけでなく外から侵入される可能性のあるところはどんなに小さな窓であろうと、施錠しておくべきです。硬いもので一撃すれば簡単に割れてしまうような窓ガラスには「防犯フィルム」をはりつけて強化したり、もう１つの錠前「補助錠」をとりつけたりして侵入を防ぎましょう。

人がいるのに侵入する「居空き」という犯行がありますので、家の中に家族がいるときでも、玄関ドアや窓の鍵をかけておくことを忘れてはいけません。**子どもと一緒に家中の鍵かけを確認してまわることを習慣づけ、泥棒に入られると財産が奪われ、場合によっては家族に危害を加えられることを話して聞かせ、鍵かけの大切さをしっかりと伝えましょう。**子どものころに身につけた習慣はおとなになっても生かされます。将来、ひとり暮らしをはじめたときに、鍵かけの甘さや防犯意識の低さは直接、身の危険にかかわってくるのです。

家の鍵を携帯する子どもは、なくしたり落としたりしないように細心の注意が必要です。親も人目にふれるように持ち歩かないようにして、子どもにはひもやチェーンにつけるほか、マスコットや大き目のキーホルダーにとりつけて、盗まれたりなくしたりしないようにしましょう。鍵をなくしたら、必ず錠前を交換することが大切です。鍵は小さなものですが、命も財産も預ける大きな意味があるものなのです。

Point

戸じまりや鍵の大切さを理解した子どもは、自分の身の安全を守ることへの意識も高くなる

column

防犯グッズを親子で工作！

防犯グッズの多くは「音」か「光」をだして、予期しない大きな音や光に驚いた泥棒がその家に入るのをやめる…という侵入者や不審者をその場から立ち去らせたり、犯行を思いとどまらせたりする効果を発揮するものです。

このような効果を利用して、不審者が窓や玄関に近づいて侵入しようとしたときに音がでるように、たとえば、玄関ドアや窓と壁や柱にフックをつけて、「防犯ブザー」をドアチェーンのようにかけてみましょう。無理に開けようとするとひもがはずれてブザーが大音響をだします。

ほかにも、窓の下に踏めば音がするしくみや、テグスを使ってそこに引っかかると音が鳴るしくみなど…。侵入者が近づくと音がして住人も気づき、侵入者もびっくりして逃げていくような手製の侵入防止対策グッズを親子で工作してみましょう。

家族を守るためにみずから防犯グッズをつくりだすことで、防犯意識が確実に身につくはずです。

2 章

子どもに身につけてほしい「安全作法」

安全な歩き方を身につけよう

家の外にいるときに一番安全が問題になるのは、歩いているときです。交通事故に遭わないように車には気をつけるようにしていても、車道と歩道の区別のない道路や車の交通量の少ない通りでは、車に対する注意が払われなくなるでしょう。しかし、**路上での危険は車に気をつけるだけでは十分ではありません。子どもに近づく不審者にこそ、警戒が必要なのです。**

女性には「痴漢」や「ひったくり」など、路上で遭遇する被害があります。子どもにもまた、「連れ去り」「誘拐」といった路上での被害が考えられます。不審な人物は体に直接ふれられる距離まで知られずに近づいて犯行に及ぶので、気がついたときにはすぐそこにいるという状況です。しかし、その距離に近づく前に気がつけば、避けることができるはずです。

不審者がこれから悪いことをしようとして誰かに近づくときは、直前まで気づかれないように、その人の後ろから近づくことが多いものです。たとえば、被害者の約9割が女性である「ひったくり」は、犯行のほとんどが女性の後方からです。女性が夜道で突然、後ろからさわられたり、いきなり抱きつかれたりといった痴漢被害を受けることからも、理解できるはずです。歩いているときには、前を見るだけでなく、とくに後ろをよく見る必要があることを忘れないようにしましょう。

また、ふだんは自分の前方数m程度までしか見ていないため、突然横をすり抜ける自転車や人に驚かされたり、ハッと気がつくと目の前に人が立ちはだかっていたりします。前を見ているつもりでも、実はほとんど見ていないということになります。

周りを見ないで歩くと…

ええ、そうね
じゃあ、今度の
木曜日に…
キャッ!!
オイオイ
気をつけ
ないと…
どうして
気がつかな
かったの?
周りを
見てなかった
かも…
うーん

前を見るのは当たり前ですが、姿勢をよくして視線を下げずに遠くまでしっかり見るようにします。曲がり角では左右を遠くまでよく見ます。そして、人は後ろに目がついていませんから、ときおり必ず振り返って自分の後ろをよく見ることが、実は何よりも大切です。つまり、**自分の周囲360度の安全確認をすることです。**

女性が路上での被害を避けるために安全に歩くように、子どもも安全な歩き方を身につける必要があります。そのためには、親がまず実践して、子どもに教えてあげるとよいでしょう。「前をよく見て」と言うだけでなく、「左右も、とくに後ろもよく見るようにしてね」と、伝えましょう。

歩くという当たり前の行動でも、「安全に」という点をプラスすると、日ごろの歩き方がどれだけ無防備かと気づくはずです。転んでけがをしないためだけでなく、危険を呼び寄せないためにも、足元の安全を確かめつつ、周囲に気を配りましょう。また、**危ない車やバイクの音、あやしい人物の足音など、音でも警戒するために、携帯電話で話しながら歩くようなことは決してしてはいけません。**路上で起こる危険を避けるために、目と耳をしっかりはたらかせましょう。

前後左右に気をつければ…

なぜ周囲をよく見る必要があるのかといえば、行く手に落とし穴があることを知っていれば避けて通ることができるように、路上での被害を避けるために、先にあやしい行動をする人物を見つけるためなのです。**車やバイクだけでなく不審な人物に警戒することは、前後左右をよく見ることからはじまります。**安全な歩き方はもっとも身近な親から学ぶものなのです。

Point

目と耳で周囲360度の安全を確かめながら歩くことが、安全な行動の第一歩。危険を先に見つけよう

防犯ブザーはいつでも使えること

子どもに持たせる防犯ブザーは、まず何のために持たせるのかをよく理解しておきましょう。「何かあったときに周りの人に気づいてもらうため」と答えるおとなは多いようです。しかし、子どもは人けのない場所でねらわれるものです。人けのないところで音をだしても、ほかの人に気づいてもらえる確率は高いとはいえないでしょう。

「大声を上げるためのコツを知っておく」(26ページ)でも述べたように、悪いことをする人は、これから悪いことをしようというとき、非常に緊張している状態にあるといいます。そんなときに大きな音をだすことは、悪いことをしようとした気持ちをくじくことになるのです。大きな声をだせなくても防犯ブザーがあれば、ひもを引っ張るだけ、ボタンを押すだけで大きな音がだせるのです。

子どもの性格によっては、大声を上げることはとても難しい場合があります。また、不審者に口をふさがれたりした場合には、大声をだすこともできません。しかし、**手に防犯ブザーを持ってさえいれば、大きな音をだして、相手をひるませて、その場から逃れることが可能になるのです。**

どんな場合に防犯ブザーを鳴らすべきかということは、親がいろいろな状況を考えて説明して、使い方を子どもに教える必要があります。

いつでもすぐに鳴らせるように身につけて持ち歩くこと、安全マップをもとに、どのような場所でどんな人から声をかけられることが考えられるか、そのときにどうブザーを扱うかということを子どもにしっかりと覚えてもらいましょう。場面を具体的に想像することができるように、親子でよく話しあいましょう。

防犯ブザーの存在に無関心

防犯ブザーを持ったかどうか、確認する

子どもが危害を加えられそうになったときに防犯ブザーは大きな役割を果たします。とはいえ、あくまでも道具であり、電池で音をだすものです。せっかく持ち歩いていながら、いざという場面で「電池ぎれ」により音がでなかった…では、まったく意味がありません。子どもの安全にも直接かかわってくる問題なのです。

また、机の引き出しに入れたままや、ランドセルの底に入れたままにしておいては、使うべきときに使うことができません。子どもにはいつでも防犯ブザーを携帯していてもらいたいものです。

防犯ブザーは子どもを危険から守る道具であり、命を守る道具でもあるのです。この大切な点を親子ともよく理解して、ときおり「テスト（サイン）スイッチ」などを押したり、ひもを引っ張ったりして実際に鳴らしてみて、間違いなく音が十分にでるかどうかを確かめるようにしましょう。

電池がきれそうになると、音が小さくなってくるなどでわかります。電池の寿命を考えて、一定期間を経たら、新しい電池と交換するようにします。

防犯ブザーの電池交換をしたときには、付せんなどの用紙に交換日を記入して電池に巻いて入れておけば、いつごろ交換すべきかわかるようになります。**子どもの安全を願うのであれば、命を守る道具である防犯ブザーが、確実に音がでることをまめにチェックしておくことです。**「防犯ブザーは持った？」と、毎日確認することと、電池ぎれがないことを確かめるのは親の役目として、いつも心がけるようにしましょう。

Point

防犯ブザーは命を守る道具。電池ぎれがないようにチェックを忘れずに！

携帯電話は安全に使おう

子ども向けに安全を重視した機能の携帯電話も数多くあります。しかし、**携帯電話を持ってさえいれば、それがすぐに子どもの安全につながるということではありません。**携帯電話はあくまでも「道具」であることをしっかりと認識しておきましょう。

携帯電話は「防犯ブザー」よりも精密になる分、より注意が必要です。防犯グッズとして子どもに持たせるには親がまずしっかりと理解することが大切なのです。歩きながら通話して、周りを見ていないために人にぶつかったり、電車内などで大きな声で話して周囲の人たちに迷惑をかけたりするおとなもいます。こうしたマナーの悪さを子どもがまねしないように、親は子どものよい手本となるように利用しましょう。**子どもの安全利用は親が責任を持つことにかかっているのです。**

電話を受ける側は時間も場所も選べません。かかってきたときにあわてて歩きながら受けて通話していると大変危険です。電話は、必ず安全な場所で立ち止まって受けるか、後で折り返すようにしましょう。

携帯電話の「ストラップ」は、手首にまわして携帯電話を落とさないような長さのものをつけましょう。首から提げるタイプは、ひもがどこかに引っかかったり、誰かに引っ張られたりするおそれもあるため、子どもはできるだけやめておいたほうが無難です。

子どもが自分の携帯電話にでて、おどされたりいやなことを強制されるような被害を避けるために、番号非通知の電話や登録していない番号からは受けないように設定しておきましょう。怖い電話やおかしな電話にでてしまったときは、すぐにきるように教えておくことです。

持たせさえすれば安心！

携帯電話を買ってもらった！
どこにいても連絡できるから安心ね
どこでもしゃべれるし…
あ、もしもし田中？
いろいろできるし…
ネット
ゲーム
メール
携帯って便利！
ドンー!!
わっ
おい！どこ見て歩いてるんだ〜〜
しゃべりながら歩くんじゃない!!!

マナーをきちんと伝える

万が一、携帯電話を落としたりなくしたりした場合、誰かに拾われて不正に使用されないように、暗証番号を使って自分だけが利用できるようにする「ロック」システムや、紛失したときに遠隔操作で不正使用されないようにする「遠隔ロック」などについても確認してみましょう。電話番号や名前など、登録した家族、友人、知人などに迷惑が及ぶことも考えられるので、個人情報を守るという点からも、紛失には要注意です。

「ワン切り」といって、相手が電話にでる前にきって「着信記録」を残し、かけ直してきた相手に不正な架空の高額請求をするといった悪質商法があります。登録していない見覚えのない番号には絶対にかけ直してはいけません。このような「架空・不当請求」は、おとなでもよく被害に遭っています。予備知識がないと被害に遭いやすいので、しっかりと情報を把握して、子どもにも厳重に伝えておく必要があります。

子どもの携帯電話利用で、後で高額な料金請求に困ることがないように、定額制や一定額になったら利用できないようにするなどの費用対策も考えておきましょう。便利だからこそのリスクを忘れないことです。

携帯電話の料金や安全な利用法を正しく伝えずに子どもに与えるのは、使い方を教えずに道具を与えること、たとえば刃物を渡して好きにしなさい、というのと同じです。携帯電話はあくまでも道具であると考え、安全に使わなくてはなりません。安全を目的に持たせるものが危険や被害を招くことにならないように、親はメリットとデメリット、安全と危険についてよく知ってから、子どもに持たせるようにしましょう。

Point

携帯電話はあくまでも道具。正しい使用法を理解して、安全に使おう

帰宅時に元気に「ただいま」と言うこと

子どもが学校や出先から帰ってきたときに、家に誰もいないときがあるものです。そんなときに、（どうせ、誰もいないから）と、何も言わずに黙って玄関ドアを開けて家に入ってしまうと、誰が見ても家族が留守で、子どもがひとりで帰宅したとわかってしまいます。

しかし、子どもが自分で鍵を開けていても、元気よく「ただいま」と家の中に入っていくのであれば、（ああ、きっと家族が家で待っているんだな）と、思われるでしょう。つまり、家の中に誰かがいて、子どもが帰宅後にひとりきりでいるとは知られにくくなるということです。**家に誰かがいるときも、いないときでも、同じように大きな声で「ただいま」と言うことで、子どもひとりで留守番をしているという事実を知られないようにすることができるのです。**

家族がいるように見せかける

このようにちょっとした裏技的なテクニックを使うことは、子どもの安全にとって有効です。もちろん、家を留守にして子どもだけで留守番をしなくてはならないような場合には、家中の戸じまりを厳重にしましょう。すべての窓、外に通じるドアはしっかりと戸じまりをしておくことです。

夏場は、室内が暑くなるからと、窓を開け放したままでかけるようなことがないようにしましょう。とくに一戸建て住宅の場合など、1階のドア、そして窓はどんなに小さな窓であっても、開け放してはいけません。窓に格子がついているとしても、浴室やトイレの窓を開け放すことはよくありません。格子は簡単に外されてしまう場合があるからです。窓にはできるだけ「補助錠」をとりつけて、ガラス窓を割られたとしても侵入されないように対策をしておく必要があります。

暑い時期の室内の温度に関しては、タイマーなどを使ってエアコンを有効に活用するようにしましょう。逆に寒い時期の暖房器具については、火事にならないように安全を最優先にして、子どもが扱いやすいものを選び、取り扱いには十二分に注意させましょう。

子どもが留守番中に来訪者があったとしても、事前に来訪するとわかっていない場合、不意の来訪者や見知らぬ人、突然のセールスや勧誘などには一切応じる必要はありません。**たとえ「制服」らしいものを着ていたとしても、また、たとえ「検針」などを理由にしても、宅配便で荷物が届いたとしても、子どもが応対する必要はありません。**宅配便などは、「不在票」を残すはずですから、それを見て時間を指定して再配達してもらえば済むことです。事前にお知らせがあれば、できるだけ在宅するか、在宅時に来訪時間を指定しておきましょう。

やむを得ず、子どもだけで家にいることはどうしてもあることでしょうが、「もう○歳だから多分大丈夫」といったあいまいなことではいけません。そういう事態が起こる前に、日ごろから親が間違いのない対応をして子どもに見せておくことです。さらに実際にひとりで留守番をさせるときには、「もし、誰か来ても絶対にドアは開けないこと」と伝え、親であることをわからせるために、ドアチャイムの鳴らし方やドアのノックの数を決めておき、戸じまりや鍵の取り扱い、緊急時の連絡方法など、子どもへの心がまえの徹底をしっかりと準備しておくことが大切です。

✕子どもに応対をまかせる

おとなでも、ひとりきりで家にいるときには何が起こるかわかりません。**子どもがパニックにならないように、考えられる事態を想定して、それぞれに対応策を考えて伝えておきましょう。**子どもは年齢が上がるだけで対応力がつくわけではありません。教えないで身につくくらいなら苦労はありません。親が丁寧に教えてあげることではじめて身につくものです。そして子どものころに身につけた大切なことは大きくなっても忘れないでしょう。

Point

帰宅時に子どもが「ただいま」と言って家に入ることと、留守番時の心がまえを伝えよう

正直過ぎてはいけない？ことある

親は子どもに「嘘をついてはいけません」と教えているでしょう。しかし、世の中は複雑で危険も数多くあります。「嘘も方便」ということわざがありますが、「方便」とは、「ある目的を達するため便宜的に用いられる手段。手立て」のことです。つまり、子どもの安全のために必要な手立てと考えれば、いけないことだと言いきれず、むしろ有効な手段だといえるでしょう。

子どもだけで留守番をしているときに、予期しない電話が鳴ったり、来訪者があったりするかもしれません。原則として子どもは電話にでないように、またドアチャイムにも応答しないことが望ましいとはすでに述べましたが、子どもが小学校の高学年だったり、低学年でもしっかりしているからと思ったりして、電話や来訪者に対応させるような場合があるかもしれません。

子どもが対応した場合、相手がおとなだと緊張してしまうかもしれず、また相手の言うなりになってしまうおそれがあります。**正直に答えてしまうことで、思わぬ危険を招くこともあります。**

たとえば、玄関ドアを開けてしまったために、強盗被害や性被害を受ける危険も考えられます。電話で「お母さんはいますか？」あるいは「いま、ひとりでお留守番？」との問いかけに対して、正直に「いえ、お母さんは、いま、いません」「はい、いまひとりです」と答えてしまうと、その後、どんな怖いことが起きるかもしれません。

正直に答えることが危険な状況をつくることになってはならないのです。そこで、考えられる状況において、使うべき手立てを準備しておくとよいでしょう。いなくてもいるように見せかけることです。

「お母さんは？」と聞かれたら、実際には家にいなくても、「いま、手が放せません」と答えるだけでその後の展開がまったく違います。電話では、「折り返し、連絡をするのでお名前と電話番号をお知らせください」と言って必ずメモをとるように教えましょう。来訪者に対しては、玄関ドアは開けずにインターホン越しかドア越しに相手の名前と用件を聞くように伝えることです。

安全のためには、ついてもよい嘘があるということ、そしてそれはいわゆる「嘘」ではなく、身を守るための必要な手段であることを伝えて、じょうずに対応ができるように親子で会話練習などをしておくとよいでしょう。親が電話の相手や来訪者になって、いろいろと話しかけて子どもがどう答えるか、一緒に考えてあげるのです。

●使うべき「手立て」を準備しておく

　こうした練習を重ねることが実際の場面で生かされることになるでしょう。また、対応の練習をせずにいきなりこのような場面になってしまったときにうまく機転が利かないと、どんな危険が考えられるかということまでためらわずに子どもに伝えておくべきです。知らずに危険を招いてしまったとき、後悔するだけでは済みません。後悔しないようにできることをしておきましょう。

　親が子どもに迫る危険をどれだけ把握して、しっかりと対応策をとっているかいないかで、子どもの安全度に差がでます。子どもによってこうした対応が難しいようなら、電話は留守電にセットしておき、来訪者にも応答させないことです。

おとなは当たり前のようにしていても、子どもにとって未体験のことはじょうずに対応できるとは限りません。おとなであっても、知らない人との会話には緊張したり、じょうずに受け答えができなかったりすることもあるはずです。何度か経験してうまく対応できるようになるのですから、繰り返し練習しておくことです。突然の事態への対応力は、事前の知識と頭の回転がものを言います。**たかが電話、たかが留守番、と考えずに、起こり得る危険を防ぎ、子どもと家族の安全を守るために積極的に楽しみながら練習をして、子どもの安全を確かなものにすることも親の役目です。**親の危機意識、安全への取り組みは子どもの将来に必ず役立ちます。

Point

留守番時に電話や来訪者に対応させるときは事前に練習を。安全のための方便はOK！

車から声をかけられたときにどうする？

子どもが路上で遭う危険でもっとも怖いことの１つは、車で連れ去られることです。予期していないときに誰かから声をかけられると、つい振り向いてしまい、相手の言うことを聞いてしまうという状況になってしまいます。子どもに声をかける不審者は、ほかに人がおらず子どもがひとりだけで歩いているときをねらっています。

子どもはどんな言葉で声をかけられるか、たとえば「道を教えて」といったものが一般的に考えられます。「○○へはどう行くの」「○○はどこ？」など、同じ道をたずねる言葉でも、いろいろなパターンがあります。**子どもに伝えるときは、こんな言葉、こんな言いまわしもあるとできるだけ多くのことを考えてあげましょう。**子どもの応用力や判断力を養うためには、親の手助けがなくてはならないのです。

車から声をかけられることは、子どもにとって危険なことであり、まともな常識を持った人ならしないものです。子どもはすぐにその場から走って逃げることが必要ですが、その際、怖いからと自宅に逃げ帰ることは避けたほうがよいでしょう。自宅を突き止められてしまうからです。自宅に向かっているときに車から声をかけられるということは、進行方向の先に自宅があることになります。**怖いときには家に帰りたくなるものですが、そうしないで必ず車や自分の進行方向とは逆に走って逃げるようにしましょう。**

車の進行方向に逃げると追いかけられてしまうかもしれません。住宅街の通りはあまり広くないことが多く、車は簡単に方向転換ができません。そのため、進行方向とは逆の方向に逃げた上で、人がいる場所に助けを求めることが安全なのです。

✕ 自宅に向かって逃げると…

車と反対方向に逃げる

ねえ
ちょっと
ちょっと
郵便局へ行きたいんだけど
わかりません
変な人…
案内してくれないかな
ユキちゃんちに行こう
くるっ!
あっ
…そうなんです.ナナちゃんうまく逃げられたみたいでいまうちにいますから…
ありがとうございます.すぐに伺います

「車につけられたり、車から声をかけられたりしたときには、車の行く方向とは逆に向かって逃げること」と、知っておき、いつも頭の中に入れておかないと、とっさのときには思いつきにくいものです。何度でも子どもに話して聞かせて、実際に車の脇に立ってみて、「どっちに逃げる？」と確かめるようにしておきましょう。

車からどれだけ子どもが離れているかという点も、大切です。車道と歩道の区別のない通りと、ガードレールのあるところで声をかけられることは意味が違います。ガードレールも途ぎれているところでは危ないため、実際に子どもの通り道を親子で一緒に歩いてみて、「ここはガードレールがないから、とくに車から声をかけられることに気をつけて」と、具体的に教えることです。

さらに、完全に車から逃れたことを確かめてから家に帰るようにすることが必要です。逃げ込んだ先の「こども110番の家」などで電話を借りて、家族に迎えに来てもらってもよいでしょう。**安全な状況になるまでの経過を具体的に想像して、子どもと一緒に模擬練習＝シミュレーションをしておくことが、いざというときに役に立ちます。**

子どもの後ろからつけるようにやってくる車だけでなく、停まっている車にも注意します。車から手を伸ばされて車内に引きずり込まれないためには、できるだけ車から離れて歩くようにします。**親が腕を伸ばすなどして、車から少なくとも離れているべき 1.5 m以上というのはこれくらいと具体的に距離感を子どもに覚えてもらいましょう。**また、停まっている車の色やナンバーを見て、記憶することは、「いつも駐車している車」とそうでない車を見わけることに役立ちます。不審な車に警戒心を持つことも習慣づけましょう。番号の末尾だけを覚えておくだけでも違います。

Point

車から声をかけられたり、つけられたりしたときには、車の進行方向とは逆に逃げること

不審者からの声かけを知る

子どもたちにとって危険の合図ともいえる「不審者からの声かけ」ですが、子どもにだけ気をつけるように言いながら、キャッチセールスや悪質な勧誘に引っかかるおとながいます。「知らない人の言うことは聞いちゃいけません」と言っているのに、路上で声をかけられて応答しているようでは、言っていることと行動が一致しておらず、おとながみずから知らない人の言うことを聞いていることになります。

子どもは不審者をどのようにイメージするのでしょうか？　防犯教室などで見る「帽子をかぶり、サングラスをかけ、マスクをしている人」でしょうか？　**そもそも人に近寄ってきて話しかけるのですから、不審者とはそれほど特異な格好やようすというよりは、見た目で判断しようとするのは難しいものだといえるでしょう。**

見てすぐに不審者とわかれば、誰でも避けて通るでしょう。むしろ、近くまで来て声をかけるくらいですから、ごく当たり前のようすをして、子どもが油断しそうな雰囲気の人かもしれません。年齢や性別すらもイメージと実際は違うかもしれないのです。**不審者とは見た目よりも、実際に子どもに近づいてどう声をかけるかという点が、大事だということになります。**

子どもたちがどのように不審者から声をかけられているかを知ることは、子どもに具体的に注意をうながすために必要であり、とても有効です。地域の警察署や教育委員会などのホームページに掲載されている不審者情報を見て、まずは親が不審者による子どもたちへの声かけの実態を知って、それをじょうずに子どもに伝えるとよいでしょう。実例は一番の模擬練習の例題となって、子どもたちにも理解しやすいはずです。

道を聞かれることについては前項（94ページ）で述べましたが、ほかにもいろいろな言い方があります。子どもだからと甘く見て、「○○（お菓子、おもちゃ、いいもの、ゲームなど）をあげるから」という言葉がよく使われているようです。こうした言い方には、わが子の好きなものを考えて、それをあげるからと言われたらどうするか？　ということをしっかり話しあっておきましょう。とくに年齢の低い子どもは要注意です。

家庭で「勉強したら、ゲームを買ってあげる」など、子どもが何かをすることによって代償としてものを与えているような場合、ものに釣られるという危険性が高いかもしれません。日ごろの子どもとのかかわり方も省みるようにしましょう。最近の子どもはお金に敏感です。これも実際に「お金をあげるからと言われたらどうする？」と確かめておく必要があります。

また、見知らぬ人から「何歳？」「どこの学校？」「名前は？」「おうちはどこ？」などと問いかけられても、答える必要がないことを子どもにしっかりと言い聞かせておきましょう。

おとなに命令口調で「こっちに来て」「ちょっと来なさい」などと言われると、子どもは逆らえない場合が考えられます。体格的に圧倒されるような相手にはおとなでも、ともすると従ってしまうことがあり得ますから、危険を感じたらすぐに走って逃げるように伝えましょう。

「お母さんが事故に遭ったから病院に行こう」など、子どもに不安を与えるような言い方もあります。これに対しても、見知らぬ人からそう言われたときにはどこの誰にどう確かめるかといった手順を事前に決めておき、その場では絶対について行かないようにしっかりと話しておくことです。そのほか、「背中に虫がついているからとってあげよう」「保健所の者だが、調べる」などと言って体にさわろうとするケースも起きています。

子どもだけでいるときに近寄ってくる人物が声をかけるのは、危険なことであると認識して、声をかけられる前にその場から逃げることが大切です。そして、それ以前に、不審者を近寄らせないことが重要です。このためには、常に周囲を警戒し、不審者を先に見つけて早めにその場から遠ざかることが望ましいのですが、周囲をどのように警戒するかという点を、子どもに伝えるには親がまず警戒の仕方を知っておかなくてはなりません。

道を歩くときには、下を向かず、前後左右をよく見る必要があります。別項「安全な歩き方を身につけよう」(64ページ)で詳しく述べていますが、何のために周囲を見るかといえば、不審者に目をつけられる前にこちらが先に見つけるためです。見た目では不審者とはわからなくても、「なぜ、そこにいるのだろう？」「いつもは人がいないところに、なぜ人がいるのだろう？」「何だかようすがあやしい」といった疑問を感じることが大事なのです。

Point

どのような声かけがあるかを子どもに具体的に伝え、シミュレーションをして警戒心を養おう

安全な利用法を知っておこう！

エレベーターは乗る前のチェックが大事

エレベーターは子どもや女性がしばしば怖い思いをしたり、性被害を受けたりすることが多い場所です。子どもが利用する時間帯であっても、被害は発生しています。建物の中にあるからと安心せず、警戒しなくてはなりません。ただ、「エレベーターに乗るときは気をつけなさい」と言うだけでなく、自転車や車、電車などの乗りものに注意するように、具体的に話して聞かせましょう。

エレベーターに何も考えずに乗り込んで、気がついたら怖い目に遭っていた…ということにならないように、密室の意味（閉めきって外から人が入れない部屋）と、そこで起こり得る被害について、さらに危険を防ぐための対策まで伝えましょう。一緒に乗り込んだ見知らぬ人物にいきなり口をふさがれたり、体にさわられたりするかもしれないということです。

まずは、外から来たときには後ろから誰かがつけてきていないかをよく見て、エレベーターに乗り込む前に、周囲を見まわして不審な人がいないことを確かめるようにしましょう。ものかげや見えないところに誰かが隠れていないか見ることも必要です。

よく見て誰もいないことを確かめてから、はじめて乗り込んで、行き先階のボタンを押す前に「閉」ボタンを押します。もし誰かが続けて乗り込んできたときに、降りる階を知られないためです。降りるときも、ドアが開いたら、外に誰もいないことを確かめてから降りるようにしましょう。

途中階から人が乗り込んできたり、やむを得ず見知らぬ人と一緒に乗ってしまうようなときは、少しでもいやな感じがしたら、思いきって降りてしまうことです。誰かが乗り込んできても、決してエレベーターの奥に行かないようにして、必ずボタンを押せる位置に立ちましょう。万が一、相手が不審な行動をしそうな場合には、一番近い階のボタンをすぐに押します。さらに緊急な事態になったときには、できるだけたくさんの階数ボタンを押せば、ドアが開く回数が増えるので、外に脱出できる可能性も多くなります。

ドアに透明ガラスがはめ込まれたタイプのエレベーターもありますが、外に人がいなければガラス窓がない場合とあまり変わりはありません。子どもはおとなの体のかげに隠されてしまうことも考えておきましょう。逆に降りるときには、外が見えて誰もいないからと油断せず、死角に人がいることもあると考えておくべきです。

いつも利用するエレベーターだけでなく、はじめて利用する場合でも、内部に「防犯監視カメラ」がついているか、非常ボタンの位置や建物に管理人がいるかどうかといった点も確認しておくことです。エレベーター利用時の安全度は、事前の心がまえで違ってくるのです。

Point

エレベーターでの危険を知り、乗る前には周囲を見て、必ずボタンを押せる位置に立つ！

安全な利用法を知っておこう！

エスカレーターや自動ドアでも気を抜かない

エスカレーターでは子どもはよく事故に遭うことがあります。スピードがそれほどないつもりでも、エスカレーターの動きを計算に入れていなければ、思わぬけがをしてしまいます。機械は想像以上に力があるため、止めようと思っても止められず、パニックになってさらに事態を悪化させるおそれがあると知っておきましょう。

また、エスカレーターでは、バッグなどから財布が見えていると後ろから知らない間に抜きとられるスリ被害も考えられます。バッグや荷物は体の前に持ち、子どもの財布にはひもをとりつけるなどして外から見えないように持たせましょう。体の小さな子どもは、おとなのバッグや荷物などをぶつけられたり、体をはじき飛ばされたりする危険もあるので、手すりのベルトを必ずつかむようにします。

駅のエスカレーターなどのように、人がたくさんいるとしても安全とは言いきれません。突然、知らない人に意味もなく頭を叩かれた子どももいます。むしろ人ごみの中にまぎれて、子どもに悪いことをする人がいると警戒心を持っておきましょう。

とくに女の子が、スカート姿でエスカレーターを上る際には、後ろに立つ男の人に注意しなくてはなりません。年齢を問わず男の人の中には、小さな女の子に特別な興味を持つ人がいます。エスカレーターの後ろから女の子の体にさわって、知らぬふりをして平気な顔をしている人がいることもあるのです。

また、携帯電話のカメラや隠し持たれたビデオカメラなどで「盗撮」被害を受ける危険性もあります。手すりのベルトをしっかりとつかんで、後ろに立つ人などを見るようにして被害を避けましょう。混んでいるときにはとくに注意して、できれば防犯ブザーを手に持つことです。それを見て相手が思いとどまる効果もあり、いやなことやおかしなことをされたときにはすぐに鳴らせば、ほかの人たちに気づいてもらえます。

「自動ドア」や「回転ドア」は、子どもの小さな体や手や腕が、あっという間に巻き込まれてしまうおそれがあります。親が子どもに、構造から説明して危険を理解させましょう。おとなが当たり前に利用しているからと、子どもに教えずにいると思わぬけがをするかもしれないので、安全教育の一環として確実に伝えておくことが大切です。

親が一方的に「うちの子はわかっているはず」と思い込まず、きちんと教える手間を惜しまないことが、子どもが安全でいられるための大切な条件です。事故が起きてからでは遅いのです。たかがエスカレーターや自動ドア、などと油断しないようにしましょう。

Point

エスカレーターでは事故だけでなく、窃盗や痴漢・盗撮被害を避けるために周囲を見よう

安全な利用法を知っておこう！

電車やバスなどの乗りものを安全利用

身近な公共の乗りものは、ほかにたくさんの人が乗り込んでいるために、それほど危険がないように思われるかもしれませんが、女性や子どもの痴漢被害やスリ被害、また暴力事件なども発生することがあり、いつも安全な空間ではないと考えておくようにしましょう。また、乗りものを待っているときから、警戒心を持つようにしなくてはなりません。

電車のホームでは、子どもはとくに駅員やほかの人の目が届く場所にいるようにして、黄色い線の内側で、たとえ誰かに背中を押されて数歩前にでたとしても線路に落ちたり電車にぶつかったりしない位置に立つようにします。バスを待つときは、車の通行に目を配り、飛び込んでくる車などがないか注意して、歩道からも不審な人物が近寄ってこないか周囲をよく見るようにしましょう。

乗りものに乗り込んだら、なるべく女性のそばに立ち、不審な男から痴漢被害を受けないように周囲をよく見るようにします。ドア付近はほかの乗客から見えにくく、痴漢被害を受けやすい場所であり、開閉時に思わぬけがをするおそれもあるため、できるだけ避けましょう。

車内が混んでいるときと乗客の少ないときでは心がまえも違ってきます。**混んだ乗りものに乗るときは、体が小さいことによってほかの乗客から押されたり、ぶつかられたりしないように、「すみません」などと声をだすようにするとよいでしょう。**子どもがそこにいるということを声で知ってもらうのです。子どもの性格によっては声をだすことが難しい場合もあるでしょうから、できるだけすいた乗りものに乗れるように、時間調節も考えるようにしましょう。

すいた乗りものに乗ったときには、どの席に座ったらよいかという点も考えましょう。電車で連結器のそばの座席などは、死角（ある角度からはどうしても見えない範囲）となります。**バスでは奥のほうに座ると、子どもの姿は隠れてしまい、誰かにいやなことをされるおそれがあるので、できるだけ中ほどか、運転席からもほかの乗客からも見られる座席を選ぶようにすることです。**

座席に座り込んだまま居眠りをしてしまうと、盗難や痴漢被害に遭うかもしれません。緊急事態に気づくのが遅れることも考えられるので、疲れているかどうかなど体のコンディションも考えて乗車しましょう。

乗りものに乗車するときにも、子どもはいつでも持っていてもらいたい防犯ブザーをすぐに使えるよう手に持つようにします。できるだけ周囲に気を配り、不審者がいたり、不審なできごとが起こりそうだったりしたときには、遠慮なく使えるように、また、実際に危険な目に遭ったときにはすぐに使えるようにしましょう。

車内で無事に過ごして降りるときには左右をよく見て、安全を確かめてから降りるように心がけます。降りてからも、不審者が後ろからついてきていないか、後ろをとくに気をつけて見て確かめて、自宅や目的地まで無事にたどり着けるように安全に行動することです。

Point

乗りものに乗る前・乗ってから・降りるときも、周囲をよく見て、危険がないかチェック！

安全な利用法を知っておこう！

トイレ利用は安全が最優先

子どもが外のトイレを利用することには、危険がつきまといます。おとなの女性でも、痴漢やのぞきの被害に遭っています。**子どもは「抵抗できない」「つかまえやすい」「言うことを聞かせられる」と思われているため、犯行の対象にされやすいのです。**

トイレはわりと目立たない場所にあり、人けがあまりないときには、誰が入っているかわかりません。女性用だからと男が入っていないとは限らないのです。また、男の子でも、男性用トイレで不審な男からおかしなことをされる危険性もあります。女の子の場合、隣の個室からのぞかれたり、盗撮の被害のおそれのほか、不審者に個室に押し込まれて性的な被害を受けるなどの危険が考えられます。まずは、こうした事態が起こり得るということを知っておきましょう。

公共のトイレは、場所や雰囲気、時間帯や人の数など、自分の身に危険がないかという点を考えてから利用しなくてはなりません。**子どもが利用するであろう場所のトイレについては、親が実際に足を運んで周辺や内部をよく調べておくことが必要です。**

子どもだけでトイレを利用するようになる前に、親が必ず一緒に利用して、実際に安全な利用法を教えるようにしましょう。親と一緒だからと油断するのではなく、親と一緒のときこそ学習するよい機会です。実地で繰り返し伝えることによって、安全にトイレを利用するにはどうしたらよいのかが、子どもに理解できるようになるはずです。

安全のためには、利用するトイレの周辺状況をまず見ましょう。死角になって、ほかの人から入っていく人の姿が見えないかどうかや、不審者の入りやすい位置かどうかを調べます。トイレ内では個室がすべてあいていたとしても、中に誰かがひそんでいるかもしれないので、すべて人がいないことを確かめます。

もし、個室がふさがっていれば、中から人がでてくるのを待ちましょう。もしかしたら、男の人が入っているかもしれないからです。そうしないと自分が個室からでたときに、外で待ち伏せをされている危険性が考えられます。個室に入っているのが安全な人かどうか確かめたほうがよいということです。

子どもがひとりで外のトイレに行くことはできる限り避けて、２人以上、できれば３人以上で行くことが望ましいものです。２人が不審者につかまってしまったとしても、もうひとりが助けを求めに行くことができるからです。そして、ひとりずつ順番に利用して、個室の外で２人が待っているようにします。外で待っている子どもは、不審者が入ってこないか見ているようにしましょう。

たとえ昼間であろうと、外でトイレを利用するときは警戒心を持ちましょう。トイレに入る前に周辺を見て、不審な人がいないか確かめて、トイレ内ではあいている個室を全部見て、ふさがっている個室から人がでてくるまで待つことです。

Point

トイレには子どもはひとりで行かず、不審者がいないか必ずチェックする習慣をつける

column

子どもの写真を含む個人情報を守る！

「個人情報」とは、氏名・住所などだけでなく、その人を特定するためのあらゆる情報を指します。子どもの写真＝肖像も大切な個人情報です。インターネット上で不正に使用されたり、悪質なDVDなどで使用されたりするようなおそれもあります。雑誌の編集者を名乗って子どもの写真を撮ろうとする人もいます。

携帯電話のカメラを使って無断で撮影しようとしたり、隠しカメラや望遠レンズで撮影したりする人がいるかもしれないので、親が一緒にいるときは親が周囲をよく見まわして、子どもだけでいるときには子ども自身が警戒できるようにチェックの仕方と回避の方法を伝えてあげましょう。カメラのレンズやシャッター音に敏感になることです。

学校の運動会などでは、保護者以外の人が子どもたちの写真を撮ることがないように、入場制限をしたり、警戒する人員を配置したりして、子どもの肖像権を守る必要があります。

3 章

家族で実践！
防犯対策＋α

親子で安全マップをつくるコツ

子どもの行動範囲の中にどんな危険があるかを知っておくことは、親としての必須要件です。子どもがどこにでかけたとしても、親が頭の中でその場所をイメージできることが理想的なのです。そのためには、わが子の「安全マップづくり」を親子でやってみることからはじめましょう。

インターネットの地図情報や地図帳から、子どもが自宅から歩いて行く目的地として一番遠いところまでを含む範囲をプリントアウトしたりコピーしたりして、全体を把握します。それと、メモ用紙やノートを持って、よく行く方面から親子で一緒に歩いて詳しく状況を調べながら情報を書きだしていき、後で大きめの画用紙や模造紙に子どもと一緒にオリジナルのマップをつくり、危険と安全の情報を書き入れます。

子どもにとって危険な場所と安全な場所、いざというときに逃げ込める場所などを、安全な場所なら「白色」または「緑色」などに塗り、危険な場所は「赤色」、注意が必要な場所は「黄色」に塗りわけます。自宅の場所には家族の顔をイラストで描いたり、友だちの家には友だちの顔のイラスト、知りあいの人の家にはその人の顔のイラストを描いたりすれば、より身近に感じられるでしょう。

危険な場所というのは、その地域によって違います。たとえば、ため池があったり、廃屋となった工場や店舗跡や、長く人が住んでいないあき家があったりと、その場所ならではの危険箇所があるものです。おとななら近づかなくても、好奇心のある子どもなら入ってしまうかもしれません。

子どもとおとなの感覚は違うため、子どもの目線を意識しながら、子どもにどういうところに興味を感じるか、あるいはどういうところが怖いと思うかなどと、たずねることが大切です。身長の違いから、見えるところも違ってくるという点も意識して見るようにし、本当に危険な場所というものをすべてリストアップしましょう。

さらに、おとなの目線でも明らかに危なそうなところ、駐車場、あき家や工事現場、樹木が生い茂ってかげになるような場所、死角となる場所などはとくによく見ておくことです。

また、そうした**危険な場所から最も近い安全な場所もチェックしましょう。**公共の建物や病医院、交番やコンビニエンスストア、「こども110番の家」、防犯協力の家など、子どもがためらいなく助けを求められる場所を探すことです。ほかに、たとえば特徴のある家や店もめじるしとして使えます。「あの角の青い屋根の大きな家」とか、「○○の看板のある店」といった具合に覚えやすい建物も書き入れるようにしましょう。

友だちの家や図書館、児童館など、子どもがよく行く場所は、そこから自宅までの距離を子どもの歩く速さで時間を計って、おおよその時間を書き込んでおくようにすると、帰宅時間が予測できます。雨の日には若干、時間をプラスして考えるなど、基本の所要時間から、子どもがいま、どのあたりを歩いているか知ることができるので、迎えにも行きやすくなります。帰宅時間を約束した上で、こうした予備の情報は安心につながるはずです。

道路の幅はできるだけ忠実に描き、車が一方通行かどうかという点も矢印で入れておきましょう。ガードレールがあり、車道と歩道の区別があるかどうかも必要です。また、交通事故や痴漢・ひったくりなどが多発している場所を示す立て看板にも注意を払い、マップに記入しましょう。

Point

安全マップは子どもの危険と安全に関するすべての情報を書き入れて作成しよう

安全マップ作成例

図書館
公園
110番の家
駐車場
スーパー
サキちゃんの家 徒歩5分
犬のサラがいる家
110番の家
あき家
消防署
私の家
ガソリンスタンド
ピアノ教室 徒歩3分
コンビニ
夜暗い
人けがない
高校生がたむろしている
暗い神社
雑木林

作成時の注意点

- 子どもの目線を意識しましょう
- 安全・危険・注意する場所を色わけしましょう
- 所要時間や連絡先などの予備情報を入れましょう
- 道の幅は忠実に書き込みましょう
- 情報はこまめに更新しましょう

標語やルールをつくって いつも安全意識を持つ

交通安全の標語のように、身近に覚えやすいキャッチフレーズのようなものがあると、自然に安全を意識することができます。「五・七・五」調が語呂もよく、覚えやすいものですが、とくにこだわらなくても問題はありません。要は子どもが覚えやすく、それによって警戒心を持てるような内容であることが望ましいでしょう。

学校では、校名の頭文字を使って標語をつくるようにすれば生徒全員の意識に残り、学区域全体での安全がはかれるようになるでしょう。家庭でも、子どもの名前を使って標語をつくれば、子どもも楽しく覚えられるはずです。標語をつくるには、安全に関する情報が必要です。何に気をつけるべきなのか、安全のためにはどうしたらよいのかということをわかっていなければ、言葉もでてこないので、まずは子どもの状況から考えることです。

子どもによって行動範囲、生活場面は違うので、その子にあった、とくに覚えておいてもらいたい内容を考えましょう。たとえば、車などの交通量が多いところに住んでいる場合は車への警戒の仕方を、マンションなどの集合住宅に住んでいる場合はエレベーターの安全な利用法など、ポイントを抑えたものが理想的です。

子どもの名前を使うというのは、たとえば、「さくら」という名前の子どもなら、「“さ”っそうと　歩いて帰る　おうちまで」「“く”るまには　止まっていても　注意する」「“ラ”ンドセル　防犯ブザーも　ついている」などのように、頭文字を使ってその下に安全に関する言葉をつなげるということです。親が自分のことを大切にしてくれていると実感もでき、子ども自身も安全への意識を確かなものにできるはずです。

また、とくに子どもに守ってもらいたいことなども、約束ごととして標語にすると、何度も言い聞かせなくても済むでしょう。たとえば、「家の鍵　かけたかどうか　確かめて」など、当たり前のことでも忘れてしまいがちなことを五・七・五調にすれば、リズムでしっかり記憶に残りやすくなります。

安全であるためには、具体的に「これはしてはいけない」「こういうときは、こうすること」という決まりがあります。これまでに述べてきた、道路を歩くときには必ず後ろを振り返って見るといった安全な歩き方や、エレベーターで被害に遭わないためには乗る前、乗ってから、降りるときも注意するというようなことです。こうした安全のためのことがらを書きだして、キーワードを探しましょう。

国語の力が弱くなってきているといわれる昨今、少ない文字数でも深い意味を持つ標語をつくることは、言葉を大切にして国語力を高めることにもつながります。**できるだけわかりやすい言葉で、ズバリと内容を伝えることができるように、親子でいろいろと言葉をだしあって、オリジナルの標語を楽しみながらつくることも安全教育の一環です。**

標語は画用紙などに書きだして子ども部屋や、その標語を必要とする場所、玄関や電話のそばなどにはりだしておくとよいでしょう。子どもが家をでるときに合言葉のように、最初の言葉を親が言って残りを子どもが口にすることも再確認になります。

　標語をつくるときには、親子の間で約束ごとをすることにもなります。安全のための約束を親子で「ルール」にして、これも守るようにしましょう。たとえば、学校から帰ってからどこかへでかけるときには、「友だちの家に行く」とだけ言うのではなく、「○○ちゃんの家に行く」と、必ず行き先を言うようにすることです。親と顔をあわすことがないようなら、メモを残したり、ホワイトボードなどに行き先を書いておいたりするように決めておくことです。**基本的なことはついおろそかになりがちですが、安全に必要なことは忘れてはいけないのです。**

言われなくても自分から約束を守る子や、何度言い聞かせてもなかなか守れない子など子どもの性格もさまざまです。親がしっかりと子どもの特性をわかった上で、「これだけは守るように」ということを理解させましょう。どんな子どもでも、親が真剣に理由を説明すれば、約束すること、ルールの大切さはわかるはずです。

ときには、子どもなりの事情で約束を破ることもあるかもしれません。そのようなときでも、頭ごなしに怒るようなことはせず、きちんと問いただしましょう。事情を聞いて、たとえば時間通りに帰らなかったときには、その間、親がどれだけ心配したか、どんな危険が考えられたかということを説明して、二度と約束を破ることがないように言い聞かせることが大切です。

子どもに約束を守らせるためには、親も約束を守らなくてはなりません。子どもとの約束を守ることができないような親では、子どももルールというものに対していい加減な気持ちを持ってしまうおそれがあります。安全のための約束やルールは守るべきものであり、守らなければ安全は保障されないのですから、子どもとの約束は親がまず守るようにしましょう。

子どもの生活の中にどんな危険があるかよく考えて、安全に必要なルールを決めること、そして、覚えやすく実行しやすい内容の標語をつくることは、親子で安全を確かなものにするために、今日からできる防犯の知恵なのです。

Point

子どもの安全に必要な、覚えやすい標語や実行できるルールを親子でつくろう

インターネット利用時の約束

携帯電話に限らず、子どものパソコンでのインターネット・メール利用も増えています。携帯電話ならまだしも、パソコンとなると親よりも子どものほうが使い方を知っている場合が多いかもしれません。しかし、携帯電話と同様に、あくまでも「道具」であることから、**親が「どうも苦手で…。子どものほうがよく知っているから」と、自分から遠慮してしまうようなことがあってはなりません。**

メールの場合、「チェーンメール」と呼ばれる、「このメールを○人の人に送ってください」といった、不審な内容のものがあります。送らないと怖い目に遭うと書かれていたりしますが、対策は受けとった人が次の人にメールを転送しないことしかありません。こうした情報を知らずにいるとさらに被害を拡大してしまうおそれがあります。

インターネット上での情報には子どもにふさわしくない「アダルトサイト」や悪質なサイトもあります。ネット上のさまざまなホームページを検索するなどして次々と閲覧していくことを波乗りにたとえて、「ネットサーフィン」と言いますが、子どもがネットサーフィンをしているときに、うっかりと悪質なサイトに入ってしまう危険があることを知っておきましょう。

子ども向けのコミュニティーサイトや情報サイトであっても、不審なおとなが子どものふりをして入り込んでいることもあり得ます。ディスプレー画面を見ているとそこにある情報がすべて正しいことのように思い込んでしまうおそれがありますが、選別する力がついていない子どもでは、相手にだまされてしまい、ネットの世界から飛びだして現実に被害を受ける危険性もあり、これまでにもそうした事件があることが報道されています。

とくに危険なのが、「出会い系サイト」です。画面の文字情報だけでは相手がどんな人物かわからないだけでなく、甘い言葉や子どもが好む情報を使って子どもをだまそうとしている人かもしれません。「出会い系サイト」がきっかけとなって起きた子どもの事件について親が情報を得て、危険を回避するためにはとにかく危ないサイトには近寄らないことを約束させましょう。

無料とうたったサイトでも、会員規約の目立たないところに「退会するなら解約料金を支払うこと」と書かれていたり、リンク先をクリックしただけで有料サイトにつながったりして、思いがけず不当に高額な料金を請求されることもあります。おとなでもこうした不当請求や本来支払う必要のない架空請求を受けて、実際に支払ってしまうといった被害が発生しています。「架空・不当請求」に関する情報をしっかり得て、むやみにクリックすることは避け、被害に遭わないようにしましょう。

「ブログ」というネット上の日記のようなものは子どもでも自分で持てるため、気づかぬうちに自分の個人情報を書き込んでトラブルを招いたり、見知らぬ人との接点ができたり、個人攻撃を受けたりすることもあります。

「機械は苦手だから…」

ねえ ここ どうやるの？
ママ機械が苦手なのよ～
ブログ
ゲーム
情報サイト
そのうちスキルアップ！
クイズに答えて賞金をゲットしよう！
おもしろそう
PC
そして…悪質サイトにアクセス!!
いつの間にこんなことに…
不当請求

家族みんなで学習する！

フィルタリング機能をつけたから、みんなで使おう
設置完了！
うん
突然お金のかかるサイトにアクセスすることもあるから気をつけてね
はーい
ネットで自由研究のヒントを探すこともできるよ！
ほんとー？教えてー
ネットっておもしろい！
あ、コレいいかも

ほかにも「自殺掲示板」やドラッグ・薬物などの販売サイト、あやしい求人情報サイトなど、子どもにはアクセスしてもらいたくないサイトがたくさんあります。**悪質なサイトを避け、インターネットを安心して安全に利用するためには、特定の条件にだけあうデータや、制限に反しないデータだけを通過させる「フィルタリングソフト」などを利用する必要があります。**言ってみれば、浄水器を使ってきれいな水だけをだすように、情報を浄化するソフトです。これを必ず搭載して、子どもが安全な情報だけを見られるようにしましょう。有害サイトにアクセスしてしまう危険性がある道具を不用意に子どもに使わせることは避けなくてはなりません。

Point

インターネットでの危険を知らずに使わないこと。危険を知っていれば避けることができる！

いつもと違う場所での防犯

自宅や学校、そして日常生活で行動する範囲内の場所での注意事項に関しては、日々、さまざまなことに気をつけていくことで子どもの安全意識が徐々に育っていくはずです。しかし、ちょっとした外出や旅行など、日常の場所から離れたところでは、子どもにはまた別の危険がともないます。

子どもがひとりで、あるいは子どもたち数人だけでどこかに行くときと、親と一緒に行動するときでは、子どもの緊張感も違ってきます。親がいるから安全と思ったり、友だちと一緒だとつい楽しさに警戒心を忘れてしまったりするものです。**状況や場所が違うときでは、危険と安全に対する意識を変える必要があることを、親は子どもにくれぐれも言い聞かせましょう。**

　自宅周辺の安全マップをつくって危険と安全な場所をよく覚えて警戒するように、本来なら出先の状況も事前に詳しく知っておくことが望ましいものです。しかし、どこでもそうした情報を得てからでかけるということも現実には難しいでしょう。そこで、**旅行や遊園地などの行楽地に親と一緒に行くときには、親が事前にその場の地図や情報を手に入れて、現地でも状況をよく見て、子どもに危険の種類や安全な行動の仕方を伝えましょう。**迷子にならないように、また迷子になったときには係の人やできるだけ女性に助けを求めるなど、具体的に話をしておくことです。

　子どもがひとりででかけるときや子どもたちだけででかけるようなときは、行き先と道順を親も確実にわかっておくことです。目的地の情報と考えられる危険を想定して、万が一のときの対処法まで子どもに伝えましょう。

現場を知らずにいては、そこにどんな危険があるのかわかるはずもありません。だからこそ情報が大切なのです。基本的に日常生活で安全を意識して行動していれば、そして情報をもとに、慣れない場所だからこその慎重な行動がプラスされて、思いがけない事態に対応する力があれば、安全でいられる確率は高くなります。

防犯ブザーを携行すること、110番・119番などの緊急時の通報についての知識を持っておくことはふだんからよく教えて聞かせておきます。さらにどんなことが起こり得るかという想像力をはたらかせるには、親の手助けは不可欠です。たとえば、行き止まりの場所に迷い込んでしまったり、道がわからなくなったりしたときには、もと来た道を戻ることが一番です。知らない道をどんどん進んでしまえば、もとの場所に戻ることも難しくなってしまうかもしれないのです。

こうした**心がまえを持ってでかける子どもと、何も考えずにでかける子どもでは、危険な目に遭ったときの対応に差がでるでしょう。**また、子どもの好奇心の強さ、行動力の違いについても、親はわが子のことをよく考えて想像力をはたらかせましょう。

好奇心だけで行動すると…

安全意識が高い子どもは…

いつもと違う場所であっても、基本に変わりはなく、日ごろからの安全教育の差がでると考えて、さらに子どもの性格を考えてじょうずにリードすることが親の役目です。はじめての場所でも怖がらず積極的に行動するタイプとそうでない子どもとでは行動にも差がでて、親の子どもへの信頼や対応も違うはずですから、油断や過信することがないように親子でしっかりと意識を確かめあっておくことが大事なのです。

Point

いつもと違う場所での行動には、日ごろの安全への意識の差がでる。基本を大切にしよう！

子どものおこづかいについて

子どもには、両親とそれぞれの祖父母とで６つのポケットがあるともいわれます。お正月ともなれば、高額紙幣をもらうことも当たり前。１万円もするようなゲームやおとなの衣料品より高価な洋服を買ってもらえることさえあり、ぜいたくになっていることも事実でしょう。

子どもに与えるおこづかいは、その家の考え方によって違うものですが、きちんとした金銭教育をしている家庭の子どもなら、無駄づかいはせず、計画的に貯金をするなど、お金を大切にするはずです。子どもの金銭感覚は家庭、親によるところが大きいということは、とりもなおさず、親が自身の金銭感覚を振り返るべきだということになります。子どものころの金銭感覚は、おそらくおとなになっても基本は変わらないと考えられます。

親の買いものの仕方やお金のだし方、子どもへのおこづかいの与え方など、子どもは敏感に親の金銭感覚を感じとります。あるいは、親が反面教師となって、親とは逆の感覚を身につける子どももいるでしょうから、一概には言いきれませんが、繰り返し親が教え込むことがもっとも影響力があるといえるでしょう。

おこづかいは親の労働によって得たお金の一部として、子どもはそのありがたみを理解しなくてはなりません。子どもが「肩たたき券」をつくって、親の肩をたたいたらおこづかいを渡すといったことはいまでは少ないかもしれませんが、労働に対する代価としてもっともわかりやすいしくみといえます。しかし、子どもがだだをこねたときや言うことを聞かせるためにお金をあげると、子どもは逆らったりわがままを言ったりすればお金をもらえると思ってしまうかもしれません。

× 言われるがままに、おこづかいを与える

おこづかいを渡すことによってお金の価値やありがたみをわかってもらうためには会話が必要です。何も言わずにお金だけを渡しても何も伝わりません。おこづかいを渡すたびに、どう使いたいかをたずね、どう使ってほしいかを話しましょう。おこづかい帳をつけさせるのも計画性や金銭感覚を養うのに有効です。

おとなにもいろいろなタイプの金銭感覚の持ち主がいるように子どももいろいろで、物欲の強い子もいれば、執着心のない子もいます。子どもがほしいものがあってもすぐに買い与えずに、少しずつおこづかいを貯めてやっと買うことができたときの喜びや感動を知ってもらうことも大切です。「貯蓄」をして、いざというときに有意義に使うことも覚えてもらうようにしましょう。

子どもがお金を何に使うか、どう使っているかといったことを親が把握していないと、たとえば「万引き」をして得た品物なのかどうかわからないことが考えられます。「万引き」は罰金刑を科される「窃盗罪」という犯罪であり、大きな社会問題です。「うちの子は大丈夫」と確信するためには、親子できちんと流通のしくみやお金、罪などについて話をしておくことです。

金銭教育を大切にする

はい、おこづかい
大切に使ってね！
うん！
1000
何に
使うの？
新しい
ゲームソフト
がんばって
貯金しないとね
おこづかい帳
100
ずしっ
半年後
目標達成！
やったー!!

友だちから奪ってでも、ものを買うためや遊ぶためにお金をほしがる子どもがいることもあります。そうしたトラブルを発生させないためにも、子どもの金銭教育は重要なのです。**子どものうちに身についた金銭感覚は成長しておとなになってからも残っているものです。**子どものときのおこづかいは、人生におけるお金の問題の基本となると考え、親は慎重におこづかいを渡すようにしましょう。

Point

子どものおこづかいは、金銭感覚の基本となる。使いみちを親が把握して、トラブル防止を

シミュレーションは安全をつくる秘訣

これまでたびたび、安全のためには「シミュレーション」が必要であると述べてきました。シミュレーションとは、ある現象を模擬的に実際にあらわしてみることです。実際に近い状況をつくったり、模擬実験をしたりすることともいえます。本書では「模擬練習」としていますが、ほかにも「本番」に対する「予行演習」や「リハーサル」というとわかりやすいでしょう。本番に備えるための練習ということです。

たとえば「学芸会」「運動会」などのように本番が一度きりでやり直しのきかない場面をじょうずにこなすためには、それまでに何度も繰り返し練習をします。練習をすることによって見事に本番をじょうずにやってみせることができるのです。防犯対策においても、このように本番に備えて練習をすることがとても大切です。

犯罪被害や危険な目に遭わないようにするためには、どのような状況になるかということを具体的に知っておく必要があります。ドラマや映画を観るように自分が主人公となって、たとえば道を歩いているときに後ろから悪い人が近寄ってきている場面を想像してみましょう。そのまま後ろを振り向かなければ、悪い人の存在に気がつかず、いきなり襲われてしまうかもしれません。

しかし、さりげなく振り返れば、そこに不審な人がいることがわかって、安全な方向に逃げることができるでしょう。下を向いて歩いていれば目の前に突然、誰かが立ちはだかっているかもしれませんが、顔を上げて前をよく見ていれば先に誰かがいることがわかります。このように**具体的にはっきりと危険な場面を想像できれば、どうすれば危険から逃れられるかという対処法が見えてくるのです。**

悪いことや怖いことは親子とも考えたくもないことですが、その場から危険を察知して無事に自宅に逃げ帰ることができた…というハッピーエンドの結末を想定すれば、気分的にも楽になります。そして安全のためのコツも身につけることができるでしょう。

子どもの場合は経験も少ないため、危険な状況と言われてもよくわからなかったり、具体的にどんな場面なのか想像したりすることは難しいものです。そこで、もっとも身近な親が手助けをしてあげる必要があります。**何に気をつけたらよいかを伝えても、言葉だけではわかりにくいでしょうが、実際に似た状況を設定して親子で練習をすることによって、よりリアルに実感して危険を理解できるようになれるのです。**

たとえば、「車から声をかけられたときには気をつけて。車で連れ去られるかもしれないから」と話しても、車から声をかけられることがどういう感じなのかわからなくては、いくら言葉で言われていても、現実にそういう場面に遭ってしまったときにすぐに思いだせないかもしれません。しかし、親が実際に車を使って、車から「どこに行くの、乗せていってあげようか」「駅はどこか教えて」などと声をかける練習をすると、子どもはよく理解できるはずです。万が一、そうした状況に遭ったときでも、「あ、これはパパと練習したことだ」と思いだして、「車とは反対の方向に走って逃げればいいんだ」と、安全になるための行動がすぐにとれるようになるでしょう。

✕言葉だけで注意点を伝える

実際に練習してみる！

よし、今日は安全な歩き方を練習するよ。お父さんが不審者の役になるからね
うん
振り向かないと・・・ ほら近づいてもわからないだろう？
うん
でも、さりげなく振り返れば気づける。そして怖いな、変だなと思ったら…
走って逃げればいいんだね
なるべく人のいるほうへ行くんだよ

不審者に話しかけられたときにどうするかは、親が不審者になったつもりで話しかけるという練習を、子どもに電話をとらせるなら、個人情報を聞きだそうとする人のまねをして、子どもがどう対応したらよいかという練習をしましょう。シミュレーションをすることが、子どもにもっともわかりやすい対応の練習になります。親が子どもの身に迫る危険を多く把握して、子どもと一緒にシミュレーションを繰り返すことが効果的な防犯教育なのです。

Point

シミュレーションをしておけば、実際の場面でも子どもが安全な行動ができるようになる

column

直感で身を守るコツを親が伝授する

いつ、どんなことに巻き込まれるかわからない毎日ですが、動物的な勘、自分の直感を信じることが実は一番のサバイバルの手段です。

（どうもいやな予感がする）とか（今日はこの道を通りたくないな）といったような、理由はわからなくても何か胸騒ぎがするようなときは、その感覚に素直に従って別の安全な道を選ぶようにしましょう。

悪い予感は当たるものと考えて行動すれば、自然と慎重な動作ができるようになるはずです。そのためには、行く手に何があるか？　ということを常に頭の中で考えられるようにすることです。

道の先に落とし穴があるとわかっていれば避けることができますが、落とし穴に気がつかなければ落ちてしまうでしょう。また一見、落とし穴に見えなくても一歩間違えば穴に落ちてしまうこともあるため、注意深さが大切です。

親の行動パターンは子どもにそのまま伝わります。親がまず、慎重な行動をとることが一番の安全教育だといえます。

4 章

地域や学校との じょうずな連携

友だちや友だちの親と互いに安全確認を

子どもはおとなにくらべると行動範囲はそれほど広くはありません。徒歩か、せいぜい自転車で行ける範囲内に生活のほとんどの場面があるものです。友だちの家もほとんどがその中にあり、安全マップをつくればたくさんの友だちの家が書き込まれるはずです。

よく事件などで、学校をでた後や駅で改札をでた後に行方がわからなくなったといったことが報道されますが、最後に目撃された場所というのは事件解決の大切なポイントになります。**この「目撃する目」が多いほど、危険を回避し、安全でいられる確率が高くなるのです。**知りあいの中でも友だちやその親などは、同じ年ごろの子どもということで意識しやすいはずですから、遠くからでも姿に気がついてくれる可能性が高くなることが考えられます。

友だちの家に行ったときには、きちんとあいさつをするのは当たり前ですが、外で会ったとき、とくに親子づれで歩いているときや、学校の行事やPTAなどで親同士が顔をあわせるときなど、機会があるたびにあいさつを交わして互いのことを知っておくことは、安全上からもとても大切なことなのです。

顔を見たり、あいさつを交わしたりすれば、互いのようすもわかります。少し離れた場所から姿を見るだけであっても、日ごろとようすが変わりないか、困っているようすではないかといったことはわかるでしょう。少なくとも、どこを歩いていて、どちらの方向にどんなようすで向かっていたか、ということは記憶に残るはずです。

顔を知っているだけでなく、親しさの度あいによっては電話番号を交換したり、園や学校の連絡簿でもマークをしたりして、すぐに連絡がとれるようにしておくとよいでしょう。**安全マップに友だちの家を書き入れるときには、電話番号も記入しておくと、いざというときにすみやかに連絡ができることになります。**電話機の短縮番号に入れておき、その番号をマップに書いておくのもよいでしょう。安全マップの友だちの家の場所と連絡簿のその子の氏名・電話番号のところに、同じ数字やアルファベットを書いておくとさらにわかりやすいでしょう。

友だち同士が道でばったり会ったときには、あいさつやちょっとした言葉を交わしておけば、互いの無事を確認できることになります。さらに、家に帰ってから、親に誰それと会ったと話をしておくと、親の記憶にも残りやすく、よりその子を意識することができるものです。

もし、友だちが誰かに話しかけられているようなときには、相手のことも何歳くらいの人で、身長や体格、服装や髪型などがどうかといった特徴も覚えるつもりで見て、不審なようすがあれば、そばに行って友だちに声をかけるように心がけましょう。

友だちがその人と別れてその場を立ち去るところまで見ておけば、より安心です。相手がその子の後をつけたりしないか見ることもできるでしょう。友だちの姿を見たときには互いに安全確認をする、という意識を持つようにすることが望ましいのです。

Point

友だちやその親と外で会ったときにはあいさつを交わし、互いの安全確認をしよう

近所の人や防犯ボランティアとのつきあい

友だちやその親との交流だけでなく、近所の人や防犯ボランティアの人たちなどとのつきあいも、安全確保には欠かせません。近所の人でよく顔をあわせるような人たち、また、防犯ボランティアや自主防犯パトロールの人たちとも、子どもがしっかりとあいさつを交わせるように、まずは親が率先して良好な関係を持つようにすることです。

子どもの親にもそれぞれの性格や考え方があり、人との交流に対して積極的な人とそうでない人もいることでしょうが、子どもの安全を第一に考えて、できるだけ交流を持つようにしましょう。前項(162ページ)でも述べましたが、外で子どもを知っている人の目が多いほど、子どもの安全度は上がります。近所の人たちも防犯関係者たちも、子どもの安全を願っているに違いないからです。

地域ではさまざまな行事や住民参加のイベントなどがありますが、そうした場に参加して面識を深めることは、子どもの安全を見守る地域の人の目を増やすことにつながります。わが子の安全を願うように、子どもの友だちや地域の子どもたちの安全を守る立場にもなれるように、互いに前向きに考えられるようになることが望ましいでしょう。

住んでいる地域で万が一大きな事件や事故が発生したときは、地域全体の安全が問われます。**生活の基盤である地元地域の安全を守ることは、自分や家族の安全を守ることであり、住民一人ひとりの責任でもあるのです。**

防犯パトロールや防犯ボランティアの人たちは地域や子どもたちの安全のために活動してくれています。あるいは、親がその一員となっている場合もあります。子どもたちの安全を見守るだけでなく、地域でのあき巣ねらいや車上ねらい（車から金品を盗むこと）、放火などといった犯罪被害をも防ぐように目を光らせています。地域の事件・事故などについて、また子どもへの声かけ事例、不審者に関することなど、安全のために知っておくべき情報を多く持っているはずですから、活動時にはあいさつを交わすだけでなく、積極的に情報交換をするとよいでしょう。

子どもと一緒のときは、子どもにもきちんとあいさつをさせて、互いに顔を覚えられるようにしましょう。そうして顔見知りが増えるほどに、子どもの安全度も上がります。地元で子どもが危ない目に遭うようなことがないように、近所の人たちや防犯ボランティアの人たちに力を貸してもらうつもりでかかわっていきましょう。また、そのほかにも子どもたちが立ち寄る場所、図書館や児童館、交番や「こども110番の家」などの人たちとも交流をしておきましょう。子どもの安全を考えれば、外すことのできない人たちがいるものなのです。

子どもの生活をよく見まわしてみれば、周囲にたくさんの人たちがいるはずです。子どもの安全だけでなく、家族の安全にもかかわってくるものです。互いの協力で社会の安全も保たれるのですから、人との交流を大切にしましょう。

Point

子どもの安全をより確かなものにするためにも、近所の人や防犯ボランティアと交流を

先生に
報告・連絡・相談を

学校の先生は、子どもの登下校と学校での安全に関する情報を誰よりも把握しているべき存在です。数多くの児童がいるためになかなかひとりの児童だけに時間を割くことは困難ですが、子どもの安全についてのことであれば、児童や親は遠慮することはありません。また、先生の側も歓迎するはずです。

子どもの安全についての不安はすぐにも解決すべき問題ですから、進んで先生にたずねましょう。先生に知らせることによって、先生や学校も情報を得ることになります。ほかの児童たちやその親たちもその情報を共有したほうがよいと判断されれば、プリントを作成して配布してくれるなど、学校ならではの対応も期待できるのです。ホームページがある学校ではもっと早く情報を共有できることになるでしょう。

学校や子どもの安全について親の立場から気がついたことや改善してもらいたいことなどがあれば、PTAの会合などにおいて話をすることもできるでしょう。しかし、子どもの行方に関する不安や不審者の情報など、緊急なことがらや、ほかの児童や家族が早く知っておいたほうがよいという内容と判断したなら、やはり一番に先生に伝えなくてはなりません。

先生と積極的に接することができる親もいれば、苦手意識があったり、遠慮がちであったりという親もいるはずです。それぞれの性格があるので、絶対にこうでなくてはならないということはありませんが、子どもの安全に関してだけでも、積極的になる努力をしましょう。

子どもの安全は、自分の子どもだけでなくほかの子どもたちにもかかわってくることなのですから、自分の子どもであろうとほかの子どもであろうと、情報は先生に知らせて全体の安全をはかることです。先生のもとに情報が集まり、先生からほかの児童や親に情報が知らされるという構図が理想的ですが、実際にそのようになっているかどうか再確認してみるとよいでしょう。

ビジネスシーンで使われる「ほう・れん・そう」という言葉がありますが、これは、「報告」「連絡」「相談」を縮めたものです。「報告」とは、ことがらの経過や結果などを言って知らせること、「連絡」は、気持ちや考えを知らせたり、情報などを互いに知らせたりすること、「相談」は、問題の解決のために話しあったり、他人の意見を聞いたりすることです。

子どもと親、子どもと先生、親と先生、それぞれの間で「ほう・れん・そう」がうまくいけば、事態をよくするために効果的に機能するでしょう。そうでない場合にくらべたら、子どもの安全度は確実に高まるはずです。コミュニケーションをよくすることが安全につながると理解しておきましょう。

地域・学校・家庭、それぞれの安全への取り組みが「ほう・れん・そう」によって相乗効果をもたらし、子どもの安全がより確かなものになるはずです。先生と親は、子どもの安全という同じ目標を持って協力しあう関係でありたいものです。

Point

先生とのコミュニケーションをよくして、子どもの安全という目標を確かなものに！

おわりに

どれだけ気をつけても避けきれないこともあるかもしれない…と、親の不安は限りないものです。それでも、安全のためにできる限り努力をすることは、危険を意識しないでいるよりもはるかに安全な状態でいられることを意味します。

多くの情報を積極的に得て、知識と知恵、想像力と応用力を駆使すれば、危険を寄せつけない体質をつくることができるのです。「安全作法」を身につけた子どもが増えれば、社会全体の安全にもつながります。

また、子どものころに身についた危機意識はおとなになってからも生かされます。「子どものうちだけ気をつければ」ということではなく、その先もずっと安全でいるためにも、親の責任としての安全教育を今日から実行しましょう。

読者の皆様とお子様の安全を心からお祈りします。

2007年6月21日　佐伯 幸子

佐伯幸子（さえきゆきこ）

安全生活アドバイザー。生活の中のあらゆる場面での危険を指摘、排除する方法、安全対策をわかりやすく解説。デイリー感覚の危機管理のスペシャリストとして、講演・執筆活動を展開。『親子で覚える徹底安全ガイド』（主婦の友社）『子どもを守る！ ママとパパのファミリー安全ブック』（メイツ出版）などの著書がある。

イラスト・リーカオ

親子で学ぶ 防犯の知恵 「安全作法」を身につけよう!

2007年8月1日　第1刷発行

著　者　佐伯 幸子
発行者　松本　恒
発行所　株式会社 少年写真新聞社
〒102-8232 東京都千代田区九段北1－9－12
TEL 03-3264-2624　FAX 03-5276-7785
URL http://www.schoolpress.co.jp

印刷・製本　大日本印刷株式会社

ISBN978-4-87981-238-4　C0037